TERAPIA A SERVIÇO DO *Dízimo*

TERAPIA A SERVIÇO DO *Dízimo*

**POR QUE SOU DIZIMISTA?
POR QUE NÃO SOU DIZIMISTA?
EM BUSCA DE UMA RESPOSTA.**

EDITORA
AVE-MARIA

© 2019 by Editora Ave-Maria. All rights reserved.
Rua Martim Francisco, 636 – 01226-000 – São Paulo, SP – Brasil
Tel.: (11) 3823-1060 • Televendas: 0800 7730 456
editorial@avemaria.com.br • comercial@avemaria.com.br
www.avemaria.com.br

ISBN: 978-85-276-1656-0
Capa: Cesar Kiyoshi Fugita

Dados Internacionais de Catalogação na Publicação (CIP)
Angélica Ilacqua CRB-8/7057

```
Brandão, Welington Cardoso
    Terapia a serviço do dízimo : em busca de uma resposta
Por que sou dizimista? Por que não sou dizimista?
    / Pe. Welington Cardoso Brandão, CMF. -- São Paulo :
Editora Ave-Maria, 2019.
    80 p.

    ISBN: 978-85-276-1656-0

    1. Dízimos 2. Dízimos - Aspectos psicológicos 3. Terapia
cognitiva I. Título

19-1517                                           CDD 248.6
```

1. Dízimos

Diretor-presidente: Luís Erlin Gomes Gordo, CMF
Diretor Administrativo: Rodrigo Godoi Fiorini, CMF
Gerente Editorial: Áliston Henrique Monte
Editor Assistente: Isaias Silva Pinto
Preparação e Revisão: Mônica Glasser e Isabel Ferrazoli
Diagramação: Ideia Impressa
Impressão e Acabamento: Gráfica Infante

A Editora Ave-Maria faz parte do Grupo de Editores Claretianos
(Claret Publishing Group).
Bangalore • Barcelona • Buenos Aires • Chennai • Colombo • Dar es Salaam •
Lagos • Macau • Madri • Manila • Owerri • São Paulo • Varsóvia • Yaoundé.

Sumário

Lista de figuras 7

Apresentação 9

1. Introdução 11
2. Conhecendo a Terapia Cognitivo-Comportamental 15
3. Por que sou dizimista? – Registro de pensamentos, emoções e comportamentos funcionais daqueles que são dizimistas 19
4. Pesquisa com os não dizimistas 43
5. Como a TCC pode contribuir para a adesão de novos dizimistas? 57
6. Uma psicoeducação 61
7. Uma psicoeducação espiritual 63
8. Os agentes da Pastoral do Dízimo – Um pensamento funcional 67
9. Elementos importantes de motivação para que os fiéis tenham um pensamento funcional para contribuírem com o dízimo 69

Uma apreciação conclusiva 71
Referências 73
ANEXO – Oração do Dizimista 77
Sobre o autor 79

Lista de figuras

FIGURA 1
Quando você ouve a palavra dízimo, o que pensa? 48

FIGURA 2
Por que você não é dizimista? 52

FIGURA 3
O que poderia fazer você se tornar um(a) dizimista? 56

Apresentação

A presente obra é fruto do empenho pastoral e da solicitude do autor pelas pessoas que atuam na Comunidade Eclesial. Sua reflexão baseia-se no princípio de que as ciências humanas auxiliam e são indispensáveis no processo formativo de qualificação dos agentes da pastoral.

A Pastoral do Dízimo não cuida do dinheiro, mas do dizimista que sustenta a vida e a missão da Igreja. Desse modo, o cuidado volta-se para a pessoa, pois o melhor dízimo é a presença de cada um em sua comunidade.

Consciente do primado da pessoa na Comunidade Eclesial, o autor propõe, à luz da psicologia, um caminho terapêutico capaz de superar e sanar os equívocos ou distorções conceituais que criamos em nossa mente a respeito do dízimo. Tais distorções impedem o engajamento de muitas pessoas, durante o processo de adesão afetiva e efetiva em nossas comunidades, à práxis evangélica da partilha através do dízimo.

Em muitos casos, "ser" ou "não ser" dizimista numa comunidade é reflexo daquilo que concebemos em nosso mundo interior. O conceito ou a ideia que elaboramos acerca do dízimo nos ajuda a fazer uma opção decisiva: a escolha madura e livre ou a fria rejeição diante da possibilidade de ser dizimista.

Espero e desejo que esta obra, *Terapia a serviço do dízimo*, ajude nossos leitores no processo de discernimento e engajamento pessoal em nossas comunidades.

Vale a pena ser dizimista!

Dom GEOVANE LUÍS DA SILVA
Bispo Auxiliar de Belo Horizonte

1

Introdução

A sociedade atual passa constantemente por mudanças aceleradas em todos os seus setores. E toda essa dinâmica afeta os padrões de relacionamento nem sempre de maneira positiva. Em muitas áreas da sociedade, inclusive na Igreja, percebe-se uma desorientação em relação à forma como se comportar, como se relacionar, e aos valores que se devem utilizar para que a vida seja mais leve, equilibrada e organizada. A Igreja é um dos núcleos comunitários e sociais que também tem sofrido os efeitos de todos os conflitos contemporâneos. O individualismo, o consumismo, o hedonismo constroem o império do efêmero, gerando uma crise que envolve nossa sociedade, e as pessoas são destinatárias e agentes dessa crise. E por estar inserida na sociedade, a Igreja também participa dessa crise.

Merece destaque a crise econômica que envolve nossa sociedade e que atinge também a Igreja no que toca à arrecadação financeira para a manutenção das pessoas e de suas obras. Por que não sou dizimista? A resposta a essa pergunta não está vinculada à falta de dinheiro nem a um orçamento escasso das famílias, pois sabemos que as famílias e as pessoas mais humildes são as mais generosas. A partir das respostas adquiridas em pesquisas, percebi a falta de um novo método de apresentação do dízimo às pessoas, para que *o pensar sobre o dízimo seja um pensar funcional, positivo*. Por isso, busquei na Terapia Comportamental algumas luzes para apresentar uma psicoeducação em relação à forma de pensar o dízimo.

> A alegria do Evangelho é tal que nada e ninguém no-la poderá tirar (cf. Jo 16,22). Os males do nosso mundo – e os da Igreja – não deveriam servir como desculpa para reduzir a nossa entrega e o nosso ardor. Vejamo-los como desafios para crescer. Além disso, o olhar do crente é capaz de reconhecer a luz que o Espírito Santo sempre irradia no meio da escuridão (FRANCISCO, 2013, p. 71).

Este livro é orientado pela linha da Terapia Cognitivo-Comportamental (TCC), que teve início na década de 1960, nos Estados Unidos. Aaron Beck, psicanalista, percebeu em seus atendimentos terapêuticos que as pessoas mantinham núcleos de pensamentos ou imagens que se conservavam e se faziam recorrentes no dia a dia delas. Partindo dessa constatação, Beck ponderou que tais ocorrências eram um processo em que o viés negativo se imprimia na forma de o paciente pensar, de decodificar o real, na maneira de fazer uma leitura a respeito de si mesmo em relação aos outros e ao futuro. Então, Beck e os demais pesquisadores da Universidade da Pensilvânia chegaram à conclusão de que esse núcleo recorrente era um padrão de pensamento, e não necessariamente consequência de uma emoção, ou seja, havia um padrão muito mais ligado às formas de pensar do que às formas de sentir. A partir dessa constatação, deu-se o desenvolvimento do modelo cognitivo, que tem como ponto-chave a primazia do pensamento sobre a emoção e o comportamento.

INTRODUÇÃO

Apresento toda essa explanação sobre a TCC porque percebo que existem muitos pensamentos distorcidos em relação ao dízimo. Veremos isso mais tarde. As distorções seriam erros de pensamentos, interpretações equivocadas e decorrentes de processo mental mal modelado. Às vezes justificamos o problema da falta de arrecadação de dízimos dizendo que as pessoas não querem contribuir, e muitas vezes o problema está na interação e na comunicação entre Igreja e fiel.

À medida que esses modelos distorcidos de pensar ficam enrijecidos e cristalizados, a pessoa passa a usar lentes que condicionam a interpretação, muitas vezes causando perda da realidade. Construímos lentes a partir de nossa personalidade e experiência. Vemos as coisas com a lente que usamos. Qual lente está decodificando esse pensamento? Como apresentar o dízimo para que possamos produzir um pensamento mais funcional/positivo nas pessoas?

O enfoque que apresento, designado "terapia cognitiva", faz parte de um novo e amplo modelo na psicologia que busca, em primeiro lugar, a cognição. A palavra "cognição" significa ideia ou pensamento; diz respeito à maneira pela qual as pessoas emitem juízo e tomam decisões e à maneira pela qual interpretam – acertadamente ou não – atitudes e atos de si mesmas e das outras pessoas.

Busco apresentar aos leitores como as pessoas pensam o dízimo. Da abordagem às pessoas, emergem pensamentos funcionais/positivos e também pensamentos distorcidos e disfuncionais, que pude coletar a partir de depoimentos e de pesquisa feita. A pergunta que fica é: como o dízimo está sendo apresentado em nossas comunidades? O que as pessoas pensam quando ouvem falar sobre o dízimo?

Primeiramente, proponho uma reflexão sintética ou abreviada sobre a TCC; depois, apresentarei depoimentos daqueles que já são dizimistas, uma visão funcional e positiva do dízimo, e uma análise dos mesmos; e, em seguida, mostrarei uma visão disfuncional sobre o dízimo, a partir da pesquisa feita, bem como uma análise do pensamento disfuncional. Finalmente, proporei uma psicoeducação enquanto novo método de abordagem sobre o dízimo, com o objetivo de gerar uma nova cognição sobre o mesmo e, consequentemente, uma nova prática e adesão de novos dizimistas. Quando pensamos diferente e de forma funcional/positiva, a emoção e o comportamento transformam-se.

2

Conhecendo a Terapia Cognitivo-Comportamental

A Terapia Cognitivo-Comportamental é um tipo de tratamento psicoterápico que ajuda os pacientes a entenderem os pensamentos e sentimentos que influenciam seus comportamentos. Usando esse método, procuro, através de pesquisa, compreender o pensamento daqueles que são e não são dizimistas. A TCC é comumente utilizada para tratar uma ampla gama de distúrbios, incluindo fobias, vícios, depressão e ansiedade. Pode também ser muito útil na compreensão dos pensamentos distorcidos, tendo em vista a mudança dos mesmos para uma melhor compreensão do eu, do outro e da sociedade. Ao propor a mudança de conceitos e ideias distorcidos, valho-me dos princípios dessa terapia a fim de compreender os pensamentos disfuncionais que giram em torno do conceito de "dízimo" e apontar caminhos para transformar tais pensamentos de forma mais funcional e positiva, tendo em vista um trabalho pastoral para uma maior adesão de dizimistas.

A TCC postula que, no decorrer das nossas vidas, vamos construindo e adquirindo cognições sobre nós mesmos, sobre o mundo, sobre o futuro, e nem sempre essas interpretações são adaptativas, ou seja, verdadeiras. As interpretações disfuncionais proporcionam sofrimentos emocionais, físicos e psicológicos. O conceito subjacente da TCC é de que nossos pensamentos e sentimentos desempenham um papel fundamental em nosso comportamento. O objetivo da TCC é ensinar aos pacientes que, embora eles não possam controlar todos os aspectos do mundo em torno deles, são capazes de assumir o controle de como interpretam e lidam com as coisas em seu ambiente.

A TCC tornou-se cada vez mais popular nos últimos anos e, como geralmente é uma opção de tratamento a curto prazo, muitas vezes é mais acessível do que alguns outros tipos de terapia. A TCC também é empiricamente apoiada e vem mostrando que, efetivamente, tem ajudado os pacientes a superar uma grande variedade de comportamentos desajustados.

As pessoas muitas vezes experimentam pensamentos ou sentimentos que reforçam crenças equivocadas. Tais crenças podem resultar em comportamentos problemáticos que afetam várias áreas da vida, incluindo a família, relacionamentos românticos, trabalho e estudos. Por exemplo, uma pessoa que sofre de baixa autoestima pode experimentar pensamentos negativos sobre as próprias habilidades ou a aparência e, como resultado, começar a evitar situações sociais. Do mesmo modo, uma pessoa que tem um pensamento disfuncional sobre o dízimo terá grande dificuldade de se tornar uma dizimista e, caso venha a sê-lo, poderá ser por medo, culpa ou por uma barganha com Deus.

A fim de combater tais pensamentos e comportamentos destrutivos, um terapeuta cognitivo-comportamental começa a ajudar o cliente a identificar as crenças problemáticas. Nesse caso, a pesquisa que realizamos com os não dizimistas visa identificar essas crenças. Nessa fase, conhecida como análise funcional, é importante aprender como pensamentos, sentimentos e situações podem contribuir para comportamentos desajustados. O processo pode ser difícil, especialmente para pacientes que lutam com a introspecção, mas pode levar à autodescoberta e a *insights*, que são uma parte essencial do processo de tratamento. A partir de uma nova apresentação do dízimo, é possível mudar a forma de pensar o significado do mesmo.

A segunda parte da TCC centra-se nos comportamentos reais que estejam contribuindo para o problema. O cliente começa a aprender e a praticar novas habilidades que podem, então, ser usadas em situações do mundo real. Por exemplo, uma pessoa viciada em drogas pode começar a praticar novas habilidades de enfrentamento e ensaiar maneiras de evitar ou lidar com situações sociais que, potencialmente, desencadeariam uma recaída. No último capítulo apresentaremos como enfrentar esses pensamentos que geram comportamentos disfuncionais em relação ao dízimo. Trata-se de uma psicoeducação, ou seja, vamos reestruturar a forma de pensar o dízimo, partindo de um novo modo de apresentá-lo e de falar sobre ele.

Na maioria dos casos, a TCC é um processo gradual que ajuda a pessoa a tomar medidas para uma mudança de comportamento. Alguém que sofre de ansiedade social pode começar simplesmente se imaginando em uma situação social que provoque ansiedade. Em seguida, passa a praticar conversas com amigos, familiares e conhecidos. Ao trabalhar progressivamente em direção a um objetivo maior, o processo parece menos assustador e as metas, mais fáceis de alcançar. Assim sendo, esperamos chegar a uma melhor compreensão e participação no dízimo a partir da metodologia usada na TCC.

3

Por que sou dizimista?

Registro de pensamentos, emoções e comportamentos funcionais daqueles que são dizimistas

Os depoimentos que apresento abaixo foram extraídos do jornal paroquial *Voz de Lourdes*, da igreja ou basílica Nossa Senhora de Lourdes, em Belo Horizonte. Foi feito um levantamento, entre os anos 2015 e 2018, em que os dizimistas eram convidados a dar um testemunho sobre o dízimo. A partir desses depoimentos, pude analisar profundamente a motivação, a emoção e o comportamento do dizimista.

3.1 Analisando o pensamento daqueles que aderem ao dízimo

Depoimento 1

Sou paroquiana há 30 anos. Encontrei aqui um local de paz, imagens belas e bem cuidadas, iluminação e som agradáveis.

Pessoas que cuidam do serviço com dedicação e padres que nos acolhem com todo o carinho. Tudo que nos proporciona um ambiente propício para concentração, orações, eucaristia e agradecimentos. Mas, para se manter assim tão organizada, existem os custos financeiros!!! Então, mensalmente, eu entrego o meu dízimo como uma contribuição para ajudar a Igreja no custeio de suas despesas de evangelização. Sinto-me feliz em retribuir um pouco do tanto que aqui recebo. Posso afirmar que sou muito abençoada por fazer a minha entrega do dízimo espontânea e de coração agradecido. Muito obrigada (*informação verbal*).[1]

Comentário ao depoimento

Neste primeiro depoimento, percebemos um(a) dizimista consciente e que compreende o dízimo enquanto contribuição sistemática. Percebemos também a clareza quando fala sobre a dimensão religiosa do dízimo, cuja finalidade consiste na manutenção e na sustentação da Igreja, da casa paroquial, do centro pastoral e de outros locais e atividades que estejam a serviço da oração e da evangelização (BRANDÃO, 2018). Percebemos também o carinho que é manifestado por ser dizimista. Quanta alegria e consciência! Todo esse pensamento é expresso em forma de felicidade, gerando um comportamento de gratidão. "Um coração agradecido."

Pensamento	Dízimo como contribuição para ajudar a Igreja no custeio das despesas.
Emoção	Felicidade.
Comportamento	Ter um coração agradecido.

[1] VOZ DE LOURDES, 2015, n. 52.

Depoimento 2

Como dizimista, me vejo seguindo de maneira concreta as pegadas de Nossa Senhora, exercendo minha corresponsabilidade com a missão da Igreja e manifestando minha sensibilidade com os pobres e zelo com o templo do Senhor, assim como minha comunhão com a comunidade paroquial. Minha fé me leva a crer que, como fiel dizimista, estou me fortalecendo a cada dia, perseverando no crescimento espiritual e na solidariedade que cura o egoísmo do nosso coração. É por isso que sou dizimista. Tenho, nessa experiência de 33 anos, uma forma de participação efetiva na construção da minha paróquia e, por extensão, na construção da Arquidiocese de BH (*informação verbal*).[2]

Comentário ao depoimento

Lindo depoimento. 33 anos como dizimista. Faz menção a Maria, a primeira dizimista, aquela que deu cem por cento de si para receber em seu ventre a Palavra, Jesus Cristo. Aquela que vai apressadamente servir Isabel. Aquela que ficou preocupada com a falta de vinho em uma festa. O depoimento mostra também responsabilidade e compromisso com a missão, com os pobres, com o templo e com a comunhão paroquial. Uma bela frase foi dita: "A solidariedade cura o egoísmo do coração". Essa forma de pensar e perceber o dízimo gerou uma emoção afetiva para com o próximo e um comportamento de participação e corresponsabilidade.

---

[2] VOZ DE LOURDES, 2015, n. 50.

Pensamento	Dízimo como corresponsabilidade com a missão da Igreja.
Emoção	Afeto – sensibilidade com os pobres e zelo com o templo.
Comportamento	Participação efetiva na construção da paróquia e da Arquidiocese.

Depoimento 3

Sinto-me feliz em retribuir um pouco do tanto que aqui recebo; posso afirmar que sou muito abençoada por fazer a minha entrega do dízimo espontâneamente e de coração agradecido. Muito obrigada (*informação verbal*).[3]

Comentário ao depoimento
São Paulo (2Cor 9,7) nos diz: "Cada um dê conforme tiver decidido em seu coração, sem pesar nem constrangimento, pois Deus ama quem dá com alegria". Essa alegria está expressa neste breve depoimento. Eis o pensamento da nossa dizimista: retribuir um pouco do tanto que recebe. Esse pensamento funcional vai provocar uma boa emoção e exige uma resposta: "Retribuir um pouco do tanto que recebo".

Pensamento	Dízimo enquanto retribuição.
Emoção	Felicidade.
Comportamento	Retribuir um pouco do tanto que recebo.

---
[3] VOZ DE LOURDES, 2015, n. 51.

Depoimento 4

Ser dizimista é contribuir com os projetos sociais da nossa Igreja. É colocar em prática ensinamentos básicos que aprendemos dentro da comunidade cristã, como: ajudar ao próximo, pensar no outro, amar ao outro como a nós mesmos, respeitar nossos semelhantes e, sobretudo, ajudar efetivamente a quem precisa, pois o dinheiro arrecadado é destinado às obras sociais realizadas pela Igreja. Uma vez li algo que ilustra muito bem o que é ser dizimista: "Do que adianta ter fé, se não a colocarmos em prática?". Seja dizimista também e colabore com pouco do muito que recebemos (*informação verbal*).[4]

Comentário ao depoimento

A dimensão caritativa do dízimo, de acordo com a CNBB (2016, n. 106, p. 24), "se manifesta no cuidado com os pobres" e está muito presente nesse depoimento. Uma vez que o dízimo é pensado enquanto ajuda ao próximo, o comportamento e a prática devem ser compreendidos como um ato de ir ao encontro dos irmãos mais pobres.

Pensamento	Dízimo enquanto contribuição para os projetos sociais.
Emoção	Confiança.
Comportamento	Ajudar ao próximo, pensar no outro... Alteridade.

---

[4] VOZ DE LOURDES, 2015, n. 52.

Depoimento 5

Dízimo é partilha! Só mesmo Deus sabe o quanto tive que estudar, me desenvolver, sair da minha zona de conforto, orar muito e me abandonar à Divina Misericórdia para conseguir o tão sonhado emprego. E poder hoje partilhar um pouco do que Deus de graça me dá faz-me sentir no coração a certeza de que esta é a coisa certa a fazer. Não podemos viver pelo dinheiro, o Senhor mesmo nos diz em Mateus 6,24 (*informação verbal*).[5]

Comentário ao depoimento

Há nesse depoimento um reconhecimento das graças alcançadas a partir de muito esforço e de um comportamento que significou, para essa pessoa, "sair da zona de conforto". Aqui, percebo não se tratar de uma teologia da prosperidade, e sim de alguém que, depois de alcançar aquilo que desejava, se viu na obrigação de partilhar com o próximo o que Deus lhe deu. Se o pensamento sobre o dízimo é partilha, a emoção só pode ser de afeto para com o próximo, e o comportamento é um imperativo que diz: é preciso sair, ir ao encontro do outro.

Pensamento	Dízimo enquanto partilha.
Emoção	Afeto – sentir no coração.
Comportamento	Sair da zona de conforto.

Depoimento 6

Acredito que participar como dizimista é uma oportunidade de colaborarmos com a obra de Deus em nossa paróquia. Somos

---
[5] VOZ DE LOURDES, 2015, n. 53.

como a "gota d'água colocada no cálice para a consagração", quando nos integramos com o Corpo de Deus, que é a Igreja. Nesse ato, otimizamos o agir da nossa paróquia em obras sociais, na manutenção das instalações físicas, principalmente em uma igreja, que requer a conservação, inclusive, dos genuflexórios revestidos, dando-nos a possibilidade de rezarmos o terço integral ajoelhados e de adorarmos a Jesus, sem sacrificar nossos joelhos. Com a contribuição de todos, podemos tornar a atuação da nossa paróquia mais dinâmica na nossa sociedade e nas comunidades que carecem de ajuda, manifestando a misericórdia de Jesus na vida do Seu Povo. É um atestado de compromisso como cristãos na realização da partilha. Não importa o valor, o fundamental é participar (*informação verbal*).[6]

> **Comentário ao depoimento**
>
> Interessante esse depoimento, pois nosso(a) dizimista introduz uma dimensão muito importante do dízimo: dimensão missionária. "O dízimo contribui para o aprofundamento da partilha e da comunhão de recursos em projetos como o das paróquias-irmãs" (CNBB, 2016, n. 106, p. 24).

Pensamento	Dizimo enquanto colaboração com a obra de Deus.
Emoção	Confiança.
Comportamento	Não importa o valor, o fundamental é participar.

---
[6] VOZ DE LOURDES, 2015, n. 54.

Depoimento 7

A experiência de devolver o dízimo me faz ver de maneira concreta a minha pertença e participação na edificação do Reino de Deus. É também para mim um exercício de fé, pois confirmo no meu coração, em cada entrega do dízimo, a minha entrega de vida nas mãos do Senhor (*informação verbal*).[7]

Comentário ao depoimento
A dizimista aborda o dízimo como um exercício de fé. "Os fundamentos do dízimo mostram como ele é um compromisso de fé, pois está relacionado com a experiência de Deus, que, por amor, entregou seu Filho por nós e por todo o mundo, para que o mundo seja salvo por ele (Jo 3,16; Rm 8,32) (CNBB, 2016, n. 106, p. 14).

Pensamento	Dízimo enquanto experiência de fé.
Emoção	Afeto – entrega de vida.
Comportamento	Exercitar a fé.

Depoimento 8

Somos dizimistas porque acreditamos na partilha. Se somos abençoados com tudo o que recebemos de Deus, queremos e podemos dividir (*informação verbal*).[8]

---

[7] VOZ DE LOURDES, 2014, n. 49.
[8] VOZ DE LOURDES, 2016, n. 57.

> **Comentário ao depoimento**
>
> Nesse testemunho percebemos claramente que há uma compreensão de que o "dízimo está também relacionado com o amor fraterno, pois manifesta a amizade que circula entre os membros da comunidade" (CNBB, 2014, n. 86).

Pensamento	Dízimo enquanto partilha.
Emoção	Solidariedade.
Comportamento	Queremos e podemos dividir – partilha.

Depoimento 9

Eu sou dizimista com muito amor, porque sei que esta doação ajuda muito a Igreja com as despesas e também ajuda a quem precisa (*informação verbal*).[9]

> **Comentário ao depoimento**
>
> Pensamento amoroso só pode gerar amor tanto nas emoções quanto na ação, no comportamento. Pessoas que pensam assim serão sempre dizimistas, pois há um pensar amoroso em relação à Igreja e ao próximo.

Pensamento	Dízimo como gesto de amor.
Emoção	Amor.
Comportamento	Ajudar a quem precisa.

---

[9] VOZ DE LOURDES, 2016, n. 58.

Depoimento 10

É uma necessidade contribuir com a Igreja, que tem muitas despesas. Não é uma esmola, é nossa contribuição, pois, de onde a paróquia tiraria seu sustento, se não através de nós? Admiro-me ao ver que nossa paróquia tem pessoas com alto poder aquisitivo e somos tão poucos dizimistas. Eu quero sempre ser dizimista (*informação verbal*).[10]

Comentário ao depoimento

Esse(a) dizimista questiona aqueles que têm alto poder aquisitivo e não são dizimistas. É preciso paciência e uma evangelização que mostre o dízimo em uma perspectiva funcional, positiva. A pessoa só será tocada quando retirar da mente crenças disfuncionais em relação ao dízimo. Por isso, faz-se necessária uma nova apresentação, uma nova roupagem, um novo jeito de falar sobre o dízimo.

Pensamento	Dízimo como contribuição.
Emoção	Desejo de partilha – afeição.
Comportamento	Querer ser sempre dizimista.

Depoimento 11

É importante ser dizimista, ter a alegria de poder sentir-se pedra viva na construção de nossa Igreja (*informação verbal*).[11]

---

[10] VOZ DE LOURDES, 2018, n. 59.
[11] VOZ DE LOURDES, 2016, n. 60.

> **Comentário ao depoimento**
>
> Esse depoimento mostra uma inserção na vida da Igreja. Não basta participar, faz-se necessário estar inserido no corpo da Igreja. Ser pedra viva. Pensando assim, a alegria brota do coração e surge a corresponsabilidade. Sou responsável pela Igreja, pois sou uma pedra nessa construção. Não uma pedra qualquer. Pedra viva.

Pensamento	Dízimo enquanto participação na construção da Igreja.
Emoção	Alegria.
Comportamento	Corresponsabilidade – ser pedra viva.

Depoimento 12

Uma Igreja sem fiéis colaboradores, contínuos e perseverantes na fé é uma Igreja sem alma em Cristo. O dízimo faz parte de uma realidade espiritual prática, suprindo o aspecto cotidiano para sequência do trabalho de evangelização. Nos faz ver que existe um próximo que se suprirá dos recursos na Comunidade Religiosa, proporcionados pela fé, para ser evangelizado. O dízimo contribui também para inibir comportamentos que turvam o espírito, como o egoísmo e a falta de amor ao próximo (*informação verbal*).[12]

---
[12] VOZ DE LOURDES, 2016, n. 61.

> **Comentário ao depoimento**
>
> Nesse depoimento há uma compreensão de que "a contribuição que se faz por meio dele [dízimo] é uma manifestação autêntica e espontânea da fé em Deus e da comunhão e participação na vida da Igreja e em sua missão". Tal pensamento gera uma emoção que significa amor solidário, e também um comportamento que significa impedir tudo aquilo que turva, escurece e esconde o espírito de solidariedade. Aí temos um não a todo tipo de egoísmo.

Pensamento	Dízimo enquanto ferramenta para a evangelização.
Emoção	Solidariedade com o próximo.
Comportamento	Inibir comportamentos que turvem o espírito.

Depoimento 13

Eu vejo que ser dizimista é retribuir o que Deus nos proporciona em nossa vida. É devolver a Deus o que Ele nos permite ter (*informação verbal*).[13]

> **Comentário ao depoimento**
>
> O testemunho apresentado mostra uma consciência de que o dízimo parte do reconhecimento a Deus e da gratidão a Ele. "Esse significado se baseia em um princípio mais profundo ainda: a alegria de sentir-se amado por Deus e de poder agradecer a Ele, reconhecendo que seu amor por seu povo é eterno (Jr 31,3; Mt 5,23-26) (CNBB, 2016, n. 106, p. 21).

---

[13] VOZ DE LOURDES, 2016, n. 62.

Pensamento	Dízimo como retribuição.
Emoção	Afeto – partilha.
Comportamento	Devolver a Deus o que Ele nos permite ter.

Depoimento 14

O dízimo é um ato de amor, é partilhar com os mais necessitados, é uma oferta que damos mensalmente, é uma contribuição para as despesas de manutenção da paróquia e para ajudar as pessoas que necessitam (*informação verbal*).[14]

Comentário ao depoimento
Nesse depoimento, nosso dizimista diz de forma clara que compreende o dízimo "como uma contribuição sistemática e periódica, por meio do qual cada comunidade assume corresponsavelmente sua sustentação e da Igreja" (CNBB, 1975b, n. 4, p. 43).

Pensamento	Dízimo como ato de amor.
Emoção	Afeto – partilha.
Comportamento	Manter a Igreja e ajudar aos pobres.

Depoimento 15

Eu sou dizimista porque sou grata a Deus pelas maravilhosas bênçãos que Ele, com muito amor, me concede abundantemente.

---

[14] VOZ DE LOURDES, 2016, n. 63.

É uma forma de manifestar a minha fé em Deus, o meu amor ao próximo e minha vontade de colaborar, com alegria, com o projeto Divino neste mundo (*informação verbal*).[15]

> **Comentário ao depoimento**
>
> Que felicidade é expressa nesse depoimento! Quanta alegria! É um agradecimento a Deus por tantas graças recebidas e um comprometimento com o próximo. A ação que surge desse pensamento é uma só: colaborar.

Pensamento	Dízimo enquanto gratidão.
Emoção	Gratidão.
Comportamento	Colaborar com alegria.

Depoimento 16

Ser dizimista é contribuir com as obras sociais da Igreja, colaborar com a manutenção das atividades da Igreja. É ajudar os mais necessitados também, pois, de certa forma, fazemos caridade por meio da Igreja. Somos dizimistas porque as atividades pastorais da Igreja dependem de recursos, e se a gente, que é da paróquia, não consegue ajudar... É preciso que as pessoas participem; hoje em dia, as pessoas estão participando pouco... de tudo. Então, é preciso que as pessoas ajudem. Vemos que a importância do dízimo é para que a gente possa continuar ajudando a quem mais necessita (*informação verbal*).[16]

---

[15] VOZ DE LOURDES, 2016, n. 65.
[16] VOZ DE LOURDES, 2016, n. 66.

Comentário ao depoimento

Nesse testemunho, temos presente a consciência de que o dízimo é uma ajuda às atividades paroquiais e também aos mais necessitados. O pensamento principal apresentado aqui: "É preciso participar!". A partir desse modo de pensar, surge um afeto: amor ao próximo, e uma atitude: ajudar quem mais necessita.

Pensamento	Dízimo enquanto contribuição com a Igreja e os necessitados.
Emoção	Sensibilidade com o próximo.
Comportamento	Ajudar quem mais necessita.

Depoimento 17

Acho importante porque as paróquias, de modo geral, fazem muito trabalho social. Minha mãe era dizimista, eu também sou. Retribuo todo bem que Deus nos faz, as graças e benefícios que a gente recebe. Ser dizimista é uma forma de ser grata, contribuindo com nossa Igreja, que tanto bem faz a todos (*informação verbal*).[17]

Comentário ao depoimento

Ser dizimista, muitas vezes, vem do berço. "Minha mãe era dizimista, eu também sou." Com valores passados de mãe para filhos, na família, aprendemos a ser dizimistas.

---
[17] VOZ DE LOURDES, 2017, n. 67.

Pensamento	Dízimo como gratidão.
Emoção	Gratidão.
Comportamento	Fazer trabalho social.

Depoimento 18

Sou dizimista, de coração aberto, agradecido a Deus pela minha fé, por minha vida, minha saúde. Procuro contribuir nesse intuito de doar sempre, de coração, com amor. É importante participar do dízimo porque ajudamos a construir uma Igreja que possa ajudar, ir até os outros. Penso também que ser dizimista me ajuda a evoluir mental e espiritualmente, porque não me fecho em mim mesmo, pensando só em mim, mas permito que os objetivos reais da Igreja sejam alcançados (*informação verbal*).[18]

Comentário ao depoimento

A compreensão sobre o dízimo, nesse depoimento, aduz sobre as consequências da partilha. Aquele que abre seu coração para o outro "evolui mental e espiritualmente, ou seja, torna-se mais humano".

Pensamento	Dízimo como ferramenta para o crescimento espiritual.
Emoção	Amor para com o próximo.
Comportamento	Não pensar só em si mesmo.

---

[18] VOZ DE LOURDES, 2017, n. 68.

Depoimento 19

Decidi ser dizimista porque comecei a trabalhar recentemente e sei que tudo o que conquistei foi Deus quem me proporcionou. Em tudo que faço na minha vida, coloco Deus na frente. Ser dizimista é uma forma de eu contribuir com a Igreja e ajudar para que as obras de Deus possam ser levadas a mais pessoas, cada vez mais (*informação verbal*).[19]

Comentário ao depoimento

Aqui, mais uma vez, um reconhecimento. Alguém agradecido por estar trabalhando e poder contribuir com a Igreja. Quanta nobreza de coração! Vemos nesse depoimento uma preocupação caritativa e missionária. Em seu pensamento, o trabalho conseguido foi fruto dos seus pedidos a Deus, e, por isso, esse dizimista coloca Deus na frente. Assim como ele se diz beneficiado por Deus, deseja que outros sejam beneficiados.

Pensamento	Dízimo como retribuição.
Emoção	Gratidão.
Comportamento	Levar a obra de Deus a mais pessoas.

Depoimento 20

Sou dizimista porque acho que é dever do cristão participar de alguma forma, contribuindo com a Igreja, ajudando as pessoas carentes por meio das obras que a Igreja promove. Por isso

---
[19] VOZ DE LOURDES, 2017, n. 70.

acho importante, essencial, ser dizimista. É um dever de todos nós (*informação verbal*).[20]

> **Comentário ao depoimento**
>
> Mais um dizimista preocupado com a questão social. De fato, é uma dimensão muito importante do dízimo. Penso que devemos divulgar mais nossas obras sociais, somos muito tímidos e escondemos o que fazemos. Seria uma forma de termos mais dizimistas, se nossas obras ficassem mais à vista dos nossos dizimistas.

Pensamento	Dízimo enquanto dever do cristão.
Emoção	Solidariedade.
Comportamento	Ajudar nas obras da Igreja.

Depoimento 21

Cristo fala que a messe é grande e poucos são os operários... São necessárias as condições materiais para que a própria Igreja espiritual possa avançar. Então, a importância do dízimo está no fato de ser mais que uma obrigação que a gente tem. É contribuir para o projeto de crescimento da Igreja, dar-lhe condições de sustentabilidade. Eu faço questão de contribuir e chamo a todos que contribuam também (*informação verbal*).[21]

---

[20] VOZ DE LOURDES, 2017, n. 72.
[21] VOZ DE LOURDES, 2017, n. 74.

Comentário ao depoimento

Um testemunho importante sobre o dízimo, pois percebemos claramente a dimensão missionária do dízimo. Um desejo de que, com o dízimo, a evangelização possa avançar. De fato, a nossa contribuição com o dízimo jamais pode deixar de lado o auxílio às outras comunidades, a formação dos agentes de pastoral e a contribuição com os missionários e missionárias em missão.

Pensamento	Dízimo enquanto contribuição com o projeto de crescimento da Igreja.
Emoção	Afeto – compromisso com a Igreja.
Comportamento	Fazer questão de contribuir e chamar outros para contribuir.

Depoimento 22

Eu sou dizimista porque a gente recebe tantas graças em tudo na nossa vida, a todo momento! O dízimo é uma forma de retribuir um pouquinho do muito que a gente recebe (*informação verbal*).[22]

Comentário ao depoimento

Mais uma vez, temos um depoimento que fala sobre ser dizimista enquanto retribuição pelas graças recebidas de Deus.

---

[22] VOZ DE LOURDES, 2017, n. 75.

Pensamento	Dízimo enquanto retribuição.
Emoção	Gratidão.
Comportamento	Retribuir um pouquinho do muito que a gente recebe.

Depoimento 23

Para mim, ser dizimista é ser um católico coerente. O católico pratica ações que são consequência da sua fé. E o dízimo é uma consequência da nossa fé. Se fosse possível pagar, como é que pagaríamos tudo o que recebemos de Deus? Então, o dízimo é uma maneira de retribuir a Deus aquilo que d'Ele recebemos. As pessoas acham que a Igreja tem dinheiro, mas a Igreja vive de doação. É necessário que as pessoas façam essa contribuição, espontaneamente, do seu coração, para que isso possa dar frutos, para que a gente possa, de fato, ajudar a pagar as muitas despesas e fazer o que é necessário dentro das igrejas (*informação verbal*).[23]

Comentário ao depoimento

Aqui, temos o testemunho de um dizimista consciente. De fato, muitos dizem que a Igreja é rica e que não precisa do dízimo. Encontramos uma pessoa que sabe das despesas que a comunidade tem e que contempla o dízimo como uma atitude coerente diante de tantas graças recebidas de Deus.

[23] VOZ DE LOURDES, 2018, n. 77.

Pensamento	Dízimo como compromisso com a Igreja.
Emoção	Afeto – fidelidade à Igreja.
Comportamento	Pagar as despesas.

Depoimento 24

Como católica que sou, morando aqui perto e usando a igreja como meu local para rezar, eu sou responsável pela manutenção dela. Acho que tudo que tem aqui está à nossa disposição; quem tem que pagar as coisas necessárias à Igreja somos nós, os católicos (*informação verbal*).[24]

Comentário ao depoimento

Um testemunho sincero e que deixa clara a dimensão religiosa do dízimo: cuidar da manutenção da Igreja: "Acho que tudo que tem aqui está à nossa disposição".

Pensamento	Dízimo enquanto corresponsabilidade.
Emoção	Afeto – compromisso.
Comportamento	Ajudar nas despesas.

Depoimento 25

Sou dizimista na Igreja... É uma contribuição que eu faço que simboliza a minha eterna gratidão por tudo aquilo que Deus

---

[24] VOZ DE LOURDES, 2018, n. 78.

concedeu em minha vida e pelos benefícios infinitos que eu recebo aqui na Igreja... Na verdade, não conseguimos expressar aquilo que Deus nos concede; então, externamos todo nosso amor e a gratidão eterna do nosso coração participando com o nosso dízimo, que não representa tudo o que poderíamos, mas um pouco do que podemos dar (*informação verbal*).[25]

Comentário ao depoimento

O pouco que podemos dar representa mais que 10%, quando dado de coração. A participação no dízimo gera um coração generoso e grato.

Pensamento	Dízimo como gratidão.
Emoção	Amor e gratidão.
Comportamento	Expressar gratidão.

Depoimento 26

Dízimo não é sobra, é aquilo que a gente recebeu de Deus sem merecer. Então, temos de dar nossa contribuição – não é uma esmola, não é o que está sobrando. Acho importante que nós tenhamos em mente que o dízimo é importante para ajudar nas obras sociais da Igreja. A gente gosta de chegar e encontrar uma igreja limpa, iluminada, aberta e disponível a todos. Outra coisa a ressaltar é que tudo o que a gente tem vem de Deus, nossos bens, nosso trabalho, nossa família – tudo isso vem de Deus!

---

[25] VOZ DE LOURDES, 2018, n. 79.

Então, precisamos retribuir tudo aquilo que Deus promoveu em nossas vidas (*informação verbal*).[26]

Comentário ao depoimento

Nesse depoimento temos uma frase bastante conhecida: "dízimo não é esmola!", não é o que está sobrando. É de uma pessoa consciente, que vê o dízimo em sua dimensão religiosa ("a gente gosta de encontrar a igreja limpa, iluminada...") e caritativa ("ajudar nas obras sociais da Igreja"). Quando há um pensamento funcional, o comportamento tende a uma prática positiva e uma gratidão para com Deus.

Pensamento	Dízimo como gratidão e retribuição.
Emoção	Gratidão, retribuição.
Comportamento	Ajudar nas obras sociais da Igreja.

---

[26] VOZ DE LOURDES, 2018, n. 81.

4

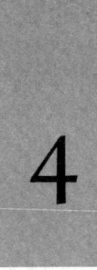

Pesquisa com os não dizimistas

No intuito de obter informações daqueles que não são dizimistas, usamos a pesquisa qualitativa, pois está mais ligada à interpretação de comportamentos, motivações, expectativas e opiniões de uma população. Ela é considerada uma metodologia de pesquisa exploratória, ou seja, não existe a intenção de obter resultados numéricos, e sim ideias que ajudem a indicar o caminho correto sobre determinada questão. A utilização de pesquisa faz parte desse método, envolvendo perguntas mais abrangentes, visando obter a opinião do indivíduo sobre algum tema; por exemplo, "Por que não sou dizimista?".

De forma geral, podemos dizer que a pesquisa qualitativa é mais indicada quando existe a necessidade de compreender melhor sobre determinado tema, que no caso é: "quais as motivações das pessoas ao não contribuírem com o dízimo". Em tal pesquisa, a amostragem é pequena e, geralmente, os indivíduos de que dela participam são escolhidos de forma deliberada, sem um critério de escolha, e as entrevistas podem ser realizadas em grupo, embora aqui tenham sido realizadas individualmente.

A pesquisa quantitativa é feita por meio de um questionário constituído de perguntas objetivas, o que permite que haja uniformidade na análise das respostas fornecidas pelos entrevistados. Nosso formulário, estruturado com questões claras e de fácil entendimento, continha três perguntas: 1. Quando você ouve a palavra dízimo, o que pensa, ou qual imagem vem à sua mente? 2. Por que você não é dizimista? 3. O que poderia fazer você se tornar um(a) dizimista?

O relatório final dessa pesquisa considera as interpretações feitas sobre as respostas obtidas e aponta as conclusões da entrevista que foi aplicada, organizando os resultados. Aqui vale destacar a importância de escolher um pesquisador especializado no tema para que essas interpretações sejam feitas de forma mais precisa e adequada (PETENATE, 2018). A pesquisa foi realizada na porta da igreja São José, em Belo Horizonte, onde as pessoas eram interpeladas assim que a deixavam. Foram entrevistadas 40 pessoas durante os meses de setembro e outubro de 2018.[1]

4.1 Analisando o pensamento daqueles que não aderem ao dízimo

A primeira pergunta feita aos não dizimistas teve como objetivo conhecer-lhes o pensamento sobre o dízimo. Em geral, percebeu-se uma visão um tanto quanto rasa, superficial, mas foi possível notar que em alguns dos entrevistados há uma compreensão mais profunda sobre o dízimo. Interessante ressaltar a reação do entrevistador, que disse: "Cresci no catolicismo, para mim não existia católico sem dar o dízimo. Cara, fui ficando surpreso!

---

[1] Perguntas coletadas por Túlio Lopes Gobira da Cruz, estudante de Psicologia e membro da Igreja Batista Central.

Achei as respostas bem parecidas, e algumas pessoas disseram não se sentir confortáveis em falar sobre o dízimo nem aceitaram participar da pesquisa; outras, mesmo dizendo estar desconfortáveis diante das perguntas, acabavam respondendo".

Primeira pergunta

> **1.** Quando você ouve a palavra dízimo, o que pensa ou qual imagem vem à sua mente?

Apresento abaixo as respostas referentes à primeira pergunta e, posteriormente, algumas observações. Dividi os entrevistados em grupos, levando em consideração a proximidade das respostas dadas.

a) Primeiro grupo
- Dinheiro que a gente dá para a Igreja, algo obrigatório;
- Uma contribuição para ajudar com as despesas da Igreja;
- Contribuir para a Igreja, para a celebração e a manutenção;
- Ajudar a Igreja a pagar as contas, a organizar-se. A Igreja não se mantém sozinha;
- Auxílio para a Igreja;
- Valor de contribuição;
- Contribuição para manutenção da Igreja;
- Taxa de manutenção;
- Uma força para a Igreja.

> As respostas dadas por esse grupo apresentam um pensamento sobre o dízimo de forma bem restrita, tendo como foco central apenas a manutenção da Igreja. A dimensão religiosa do dízimo é bem presente, e outras dimensões, como a caritativa e a missionária, estão ausentes.

Para esse grupo, que não é formado por dizimistas, percebo faltar maior compreensão sobre o dízimo. Vale ressaltar, porém, que existe uma compreensão sobre a necessidade de ajudar a Igreja em seus gastos.

b) Segundo grupo
- 10% de tudo que é meu. Do meu tempo, do meu dinheiro;
- 10% do meu salário;
- Ordenação bíblica;
- Doação de 10% para a Igreja;
- Algo correto a fazer para ajudar a Igreja. Penso também que é 10% do meu salário.

Há uma fixação nesse grupo de não dizimistas em relação ao percentual do dízimo. A escolha da quantia destinada para isso é decisão de consciência, iluminada pela Palavra de Deus, sensível às necessidades da Igreja e do próximo. O apóstolo Paulo ensina: "Cada um dê conforme tiver decidido em seu coração, sem pesar nem constrangimento, pois Deus ama quem dá com alegria" (2Cor 9,7) (CNBB, 2016, n. 106, p. 14). Percebe-se que há ainda no imaginário das pessoas um pensamento ao pé da letra, ou seja, para ser dizimista a contribuição tem que ser de 10%. Tal compreensão pode afastar pessoas que queiram fazer a doação do dízimo com um percentual menor.

c) Terceiro grupo
- Oferta;
- Contribuição de qualquer valor;
- Doação voluntária.

Faz-se necessário um esclarecimento. Dízimo é diferente de oferta. A oferta é algo que acontece de forma espontânea, e uma vez ou outra. A contribuição com o dízimo é sistemática, estável.

d) Quarto grupo
- Penso que seja um privilégio que a pessoa tem em ajudar;
- Dividir, dar;
- Retorno daquilo que Deus nos deu;
- Uma bênção na vida da pessoa;
- Agradecimento por tudo o que Deus tem feito e pela oportunidade que Ele me dá de estar trabalhando;
- Auxílio, contribuição e ajuda que vem do coração;
- Partilha;
- Uma atitude de justiça, ser justo;
- A primeira coisa que penso é doação. Penso naquela história que todos dizem dos 10% material. Mas eu penso na doação de tudo, carinho, serviço, paciência, tempo;
- Contribuição com o coração;
- Muitas coisas, mas uma forma de devolver a Deus o que Ele me deu;
- Penso em Deus, ato de gratidão.

> Esse grupo, mesmo não sendo de dizimistas, mostra uma compreensão correta sobre o dízimo, como uma "expressão máxima da solidariedade e da partilha no seio da Igreja, pois, com ele, nasce uma corresponsabilidade envolvente e afetuosa com os irmãos de comunidade, bem como com os de fora da vivência comunitária" (BRANDÃO, 2018).

Compreendendo e quantificando as respostas dadas:

FIGURA 1
Quando você ouve a palavra dízimo, o que pensa?

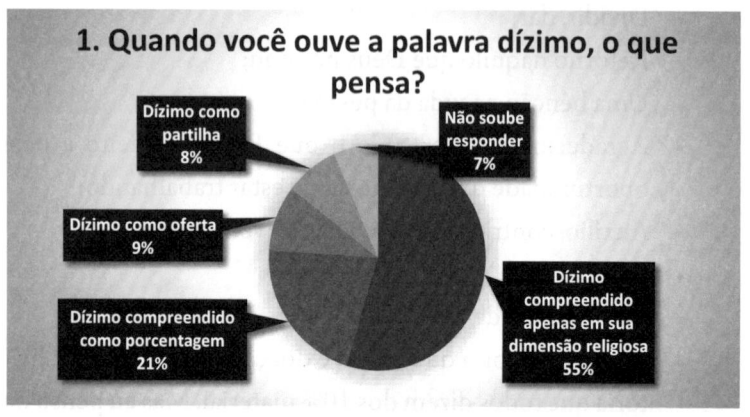

1. Quando você ouve a palavra dízimo, o que pensa?

- Dízimo como partilha: 8%
- Não soube responder: 7%
- Dízimo como oferta: 9%
- Dízimo compreendido como porcentagem: 21%
- Dízimo compreendido apenas em sua dimensão religiosa: 55%

FONTE: CRUZ, 2018.

Segunda pergunta

2. Por que você não é dizimista?

Apresento abaixo as respostas referentes à segunda pergunta e, posteriormente, algumas observações. Dividi os entrevistados em grupos, levando em consideração a proximidade das respostas dadas.

a) Primeiro grupo

- A minha situação financeira começou a apertar e, quando me dei conta, já tinha deixado de doar;
- Por questões financeiras, estou apertado;
- As coisas estão bem difíceis, mas acredito que, quando essa crise passar e eu quitar minhas dívidas, vou voltar;
- Estou desempregada e minha renda é baixa;
- Sou aposentado e sem trabalho, aí fica bem difícil;

- Porque não tenho um emprego fixo;
- Desemprego;
- Porque não trabalho fixo; então, cada mês eu tenho um salário, ou não. Mas sempre que posso eu ajudo um pouquinho a Igreja.

> O grupo pesquisado, em sua maioria, mostra interesse em participar do dízimo, mas o desemprego é um empecilho. De fato, quando a crise econômica atinge as famílias, há um reflexo na Igreja.
> "A crise financeira que atravessamos faz-nos esquecer de que, na sua origem, há uma crise antropológica profunda: a negação da primazia do ser humano. Criamos novos ídolos. A adoração do antigo bezerro de ouro (cf. Ex 32,1-35) encontrou uma nova e cruel versão no fetichismo do dinheiro e na ditadura de uma economia sem rosto e sem um objetivo verdadeiramente humano... Em consequência desta situação, grandes massas da população veem-se excluídas e marginalizadas: sem trabalho, nem perspectivas, num beco sem saída" (FRANCISCO, 2013, n. 55).

b) Segundo grupo

- Eu não tenho uma religião fixa; eu só prefiro vir à missa. Então, não tem como eu ser dizimista;
- Já mudei duas vezes de cidade; isso fez com que eu me distraísse, até que eu parei de vez de dar o dízimo;
- Eu não vou à igreja frequentemente; então, não tem por que assumir esse compromisso;
- Porque não tenho igreja fixa; então, fica difícil;
- Porque eu não sigo a religião fielmente;

- Não vou muito às missas; então, fica incoerente dar o dízimo;
- Porque não frequento muito a igreja;
- Vou pouco às missas; então, não faz sentido;
- Porque eu não venho frequentemente à igreja;
- Porque eu não frequento assiduamente a igreja.

> "Não tenho religião fixa", "Não frequento muito a igreja" foram as respostas mais frequentes que justificam a não contribuição com o dízimo. Esse grupo é claramente o reflexo de uma sociedade individualista e consumista, em que o indivíduo é permanentemente obrigado a escolher, a tomar iniciativas, a se informar, a criticar a qualidade dos produtos, a se auscultar e se testar, a se manter jovem, a deliberar sobre os atos mais simples: que carro comprar, que filme ver, para onde ir durante as férias, que livro ler (LIPOVETSKY, 2005, p. 87), a que igreja vou hoje... De acordo com Lipovetsky, o consumismo constrange a assumir encargos e responsabilidades, e, seja qual for a sua padronização, a era do consumismo revelou-se e continua a se revelar um agente de personalização, quer dizer, de responsabilização dos indivíduos, obrigando-os a escolher e mudar os elementos do seu modo de vida. Atualmente, a "bricotagem", a saúde, os conselhos são consumidos, mas na órbita do *self-service*. Acontece o mesmo na vida espiritual, na participação em uma comunidade eclesial/paroquial. Há uma escolha! Um verdadeiro *self-service* litúrgico.
>
> O que fazer para atingir esse público? Penso que não se trata de fazer um enfrentamento a essa personalização, mas quem sabe personalizar mais nossas liturgias?

c) Terceiro grupo
- Por opção mesmo, mas faço caridade;

- Eu nunca tive interesse, mas eu dou bastante esmola;
- Eu não sou, mas ajudo, não assumo compromisso;
- Eu fui dizimista por muito tempo. Eu sei que Deus não precisa do meu dinheiro. E me incomoda os recursos do suor do povo não chegarem aos que necessitam de verdade. Não concordo com tudo o que a Igreja diz. Meu dízimo é ajudar as pessoas necessitadas com meu dinheiro.

> Esse grupo, que representa 9% dos entrevistados, se mostra um tanto quanto indiferente em relação ao dízimo, mas revela um lado caritativo, uma preocupação com o sofrimento do semelhante. Penso que faltem, por parte da nossa evangelização, mais informações sobre nossas obras caritativas.

d) Quarto grupo

- É uma pergunta muito delicada, moço; prefiro não responder essa;
- Não gosto da ideia de passar meus dados para a Igreja;
- Falta de controle, mas quero voltar este ano ainda;
- Não gosto de assumir compromisso com nada;
- Porque às vezes não sobra muito dinheiro, mas às vezes eu dou o dízimo;
- Por opção minha, só dou o dízimo quando me sinto no dever de fazer isso;
- Por falta de vergonha na cara;
- Não tem um porquê de eu não ser;
- Nunca pensei nisso, irmão;
- Porque tive muitas crises de fé e agora estou me encontrando;
- Falta de vergonha na cara;

- Eu já fui, mas hoje tem coisas que não concordo na Igreja;
- Nunca fui, por opção mesmo;
- Antes de ser, eu preciso buscar mais a Deus;
- Porque eu dou o que eu posso.

> Várias respostas, várias situações.... Falta aqui uma melhor compreensão sobre o dízimo. Insisto mais uma vez: precisamos falar mais, explicar melhor o sentido e as dimensões do dízimo.

Compreendendo e quantificando as respostas dadas:

FIGURA 2
Por que você não é dizimista?

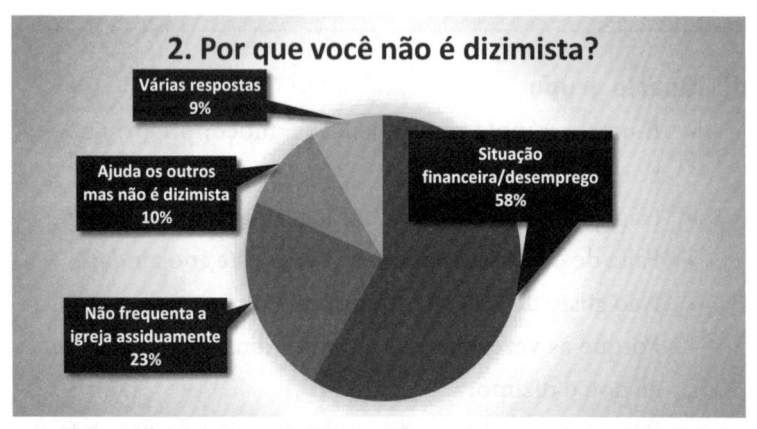

2. Por que você não é dizimista?
- Várias respostas 9%
- Ajuda os outros mas não é dizimista 10%
- Situação financeira/desemprego 58%
- Não frequenta a igreja assiduamente 23%

FONTE: CRUZ, 2018.

Terceira pergunta

3. O que poderia fazer você se tornar um(a) dizimista?

Apresento abaixo as respostas referentes à terceira pergunta e, posteriormente, algumas observações. Dividi os entrevistados em grupos, levando em consideração a proximidade das respostas dadas.

a) Primeiro grupo

- Se eu arrumasse um emprego fixo com um salário fixo;
- Quando começar a trabalhar;
- Começar a trabalhar de carteira assinada;
- Conseguir um emprego;
- Sobrar mais dinheiro todo mês;
- Um pouco mais de tempo e dinheiro;
- Se eu ganhasse mais dinheiro;
- Ter uma condição financeira melhor;
- Minha situação financeira melhorar;
- Depois que essa crise financeira acabar;
- Se a minha condição financeira melhorar.

> Mais uma vez a questão do desemprego aparece nas respostas, quando o entrevistado foi perguntado sobre as motivações para se tornar um dizimista. De fato, é visível em nossas comunidades um decréscimo na contribuição com o dízimo. Muitos dizimistas de longa data demonstram certa inquietude e tristeza em ter que deixar de contribuir com a Igreja. Faz-se necessário um apoio bem pontual aos desempregados, a quem muitas vezes falta o essencial em casa. Nesse momento a dimensão caritativa do dízimo é fundamental para dar um suporte a essas famílias, pois, "na doação, a vida se fortalece; e se enfraquece no comodismo e no isolamento. De fato, os que mais desfrutam da vida são os que deixam a segurança da margem e se apaixonam pela missão de comunicar a vida aos demais" (CELAM, DAp, 2007).

b) Segundo grupo

- Assumir um compromisso com a Igreja, com Deus e comigo mesmo;
- A questão da consciência, preciso ser mais grato a Deus;
- Boa vontade e frequentar mais a igreja;

- Eu ir mais às missas; em breve isso vai mudar;
- Exercer mais minha fé, ir às missas aos domingos e lembrar; sou muito esquecida;
- Eu viver mais a fé católica e frequentar mais a igreja;
- Nunca pensei nisso; talvez se Deus falasse ao meu coração;
- Frequentar mais a igreja;
- Apenas se Deus tocar em meu coração e me pedir que eu me torne um dizimista;
- Nada. Apenas se Deus tocar no meu coração;
- Não sei muito bem... talvez se frequentasse mais a igreja;
- Participar mais da comunhão da Igreja;
- Ficar mais presente na Igreja.

> O compromisso com a Igreja é a tônica dessas respostas. Há uma consciência de que, participando mais da vida eclesial, a contribuição com o dízimo torna-se um imperativo. Muitas são as pessoas distantes da Igreja e que vão de vez em quando. Nas respostas, temos "uma religiosidade eclética e difusa, uma espécie de neopaganismo imanentista, que confunde salvação com prosperidade material, saúde física e realização afetiva. É a religião *à la carte*: Deus como objeto de desejos pessoais, solo fértil para os mercadores da boa-fé, no seio do atual próspero e rentável mercado do religioso... há um deslocamento da militância para a mística na esfera da subjetividade individual, do profético para o terapêutico e do ético para o estético, contribuindo para o surgimento de comunidades invisíveis, compostas de cristãos sem Igreja, sem vínculos comunitários... membros sem espírito de pertença" (BRIGHENTI, 2013, p. 93-94).

c) **Terceiro grupo**
- Nada, estou bem assim;

- Nada, nada mesmo;
- Ainda não sei dizer. Desculpa;
- Não faço nem ideia, viu;
- Não faço ideia, sinceramente;
- Controlar mais meus gastos;
- Quando me der vontade mesmo;
- Acho que, por enquanto, nada... Eu já ajudo na igreja de outras formas;
- Achar uma igreja para eu ficar;
- Nada. Esse compromisso é para quem é mais firme na fé;
- Eu ajudo a Igreja de outras formas, ajudo nas festas, contribuo às vezes, e essas são as formas que eu ajudo;
- Saber todos os passos do dinheiro. Às vezes, eu prefiro investir em caridade a dar o dízimo para a Igreja;
- Confiar mais na Igreja;
- Ver mudanças nas pastorais assistenciais;
- Se eu soubesse para onde o dinheiro vai...;
- Se eu soubesse para onde o dinheiro estivesse indo e se a Igreja realmente estivesse ajudando as pessoas, aí, sim, seria uma dizimista.

> Nesse grupo, percebemos certa indiferença em relação a um maior compromisso com a Igreja e também notamos uma vivência individualista da fé. Merece destaque aqueles e aquelas que são mais críticos em relação às arrecadações do dízimo. Há certa desconfiança quanto ao uso do dinheiro do dízimo ou até mesmo uma falta de conhecimento sobre a aplicação do dízimo na vida da Igreja.

Compreendendo e quantificando as respostas dadas:

FIGURA 3
O que poderia fazer você se tornar um(a) dizimista?

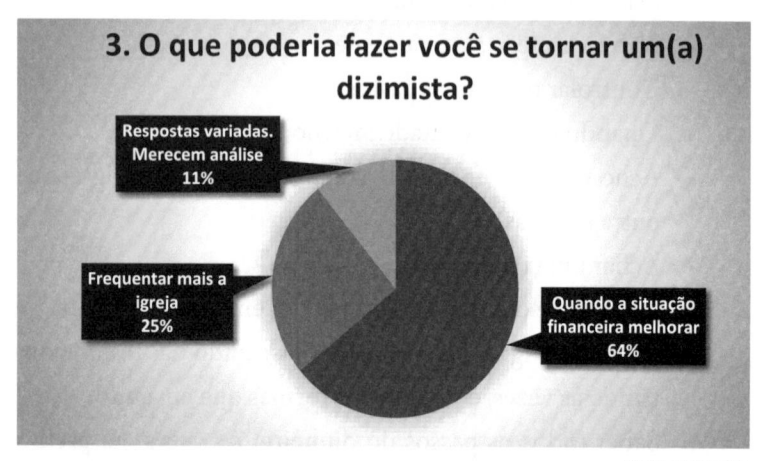

3. O que poderia fazer você se tornar um(a) dizimista?

- Respostas variadas. Merecem análise 11%
- Frequentar mais a igreja 25%
- Quando a situação financeira melhorar 64%

FONTE: CRUZ, 2018.

5

Como a TCC pode contribuir para a adesão de novos dizimistas?

Em um primeiro momento, apresentamos o testemunho daqueles(as) que são dizimistas, e foi possível perceber o pensamento positivo e adequado sobre o dízimo, bem como o aspecto emocional e comportamental. Como dissemos anteriormente, a TCC comunga com a ideia de que um pensamento adequado leva à emoção e a comportamentos ajustados, adequados e reais.

Em um segundo momento, mostramos a pesquisa com pessoas que frequentam a igreja, mas que não são dizimistas. Em sua maioria, muitos foram os pensamentos adequados e positivos em relação ao dízimo, embora não haja uma prática dizimal, devido à crise econômica que passamos e ao desemprego; mas constatamos também falta de maior conhecimento sobre a abrangência do dízimo na vida da Igreja, levando a um comportamento de distanciamento e de não comprometimento com a manutenção da igreja que frequentam.

Uma vez que estamos utilizando instrumental teórico da TCC, percebemos, a partir da entrevista com os não dizimistas, que a falta de um pensamento claro e real sobre o dízimo provoca comportamentos de aversão e de afastamento, quando colocados diante da palavra "dízimo", levando a uma vivência de fé individualista. Constatamos também que não basta uma compreensão adequada, pois, muitas vezes, é preciso situar o dízimo em um contexto social e econômico. De fato, devido à crise econômica e ao desemprego, muitos relatam o desejo de se tornar um dizimista, mas o momento não é o mais propício.

A terapia comportamental pode contribuir, e muito, em nossas pastorais, para uma maior e mais efetiva participação. Em especial, tratamos aqui do dízimo, por ser, no momento, nosso objeto de estudo. Desde já podemos perguntar: qual é a crença ou o pensamento automático que vem à mente das pessoas, quando se trata de pensar sobre o dízimo? Como identificar e responder às cognições disfuncionais, levando os fiéis a uma maior aceitação e participação na comunidade e na contribuição do dízimo? Um aspecto importante é ajudar nossos fiéis a responder às suas ideias inexatas ou inúteis: seus pensamentos automáticos, imagens (quadros mentais) e/ou crenças subjacentes. Uma das formas que podemos aplicar é se engajar em um processo de descoberta guiada para ajudar o fiel a desenvolver uma perspectiva mais adaptativa e baseada na realidade. Essa descoberta guiada se dá de forma bem simples: a partir da apresentação de experimentos comportamentais (o que estamos fazendo na prática), você pode demonstrar ao fiel que a sua imagem e o seu pensamento estão distorcidos. A descoberta guiada, nesse caso, consiste em uma demonstração através de testemunhos e explicações de como o dízimo é aplicado na comunidade. O fiel é guiado, acompanhado pedagogicamente por um membro da Pastoral do Dízimo ou mesmo pelo padre. Uma vez tendo tais conhecimentos, é bem provável que haja uma mudança, pois "não é a situação em si que determina o que a pessoa sente, mas como ela interpreta uma situação" (BECK, 2013, p. 50), uma vez que sua resposta emocional é mediada pela percepção da situação.

Dessa forma, é muito importante conhecer o que as pessoas pensam sobre determinado assunto para poder compreender melhor suas reações, seu comportamento, suas emoções. Muitas vezes, tais pensamentos não são corretos. Sabemos do trabalho social e dos gastos em nossas igrejas e sabemos também da seriedade como são conduzidas as obras da Igreja. O grande problema é que temos vergonha, somos tímidos em expressar, em divulgar nossos trabalhos e nossas obras. Por isso, é construído no imaginário de nossos fiéis que a Igreja é "rica", não precisa de ajuda. Ou outras vezes é comum perceber o seguinte pensamento: "A Igreja não faz nada pelas pessoas". Ao longo da pesquisa, vimos muitas pessoas que manifestaram o desejo de saber qual o destino do dinheiro arrecadado. Falta-nos maior transparência. Tudo isso que apresento afeta nossa forma de pensar e de comportarmos quando se trata de uma contribuição sistemática para com a Igreja.

Conhecer os pensamentos automáticos é fundamental; uma vez conhecidos, fica mais fácil modificá-los. O tipo mais comum de pensamento automático é uma distorção e ocorre apesar das evidências objetivas em contrário. Esse tipo de pensamento deve ser fortemente enfrentado e modificado, pois é muito comum em nosso meio eclesial. O melhor caminho para enfrentá-lo é a prestação de contas do dízimo arrecadado, pois, embora muitas vezes haja tal conhecimento, o pensamento de muitos continua distorcido. Aí se observa que é uma questão a ser tratada pela pessoa que, em sua vivência, deve ter tido pensamentos distorcidos em outras situações e circunstâncias da vida. Trata-se mesmo de um problema psíquico.

Um segundo tipo de pensamento automático é correto, mas a conclusão a que se chega pode ser distorcida. Temos aqui um exemplo retirado da pesquisa. Quando perguntado sobre o que pensava sobre o dízimo, uma pessoa disse: "dividir, dar"; mas, quando solicitada a dizer o que poderia fazer com que se tornasse dizimista, respondeu: "Se eu soubesse para onde o dinheiro estivesse indo e se a Igreja realmente estivesse ajudando as pessoas, aí sim seria uma dizimista".

Sintetizando, podemos dizer que os pensamentos automáticos coexistem com um fluxo mais manifesto de pensamentos, surgem espontaneamente e não estão baseados na reflexão ou deliberação. Faz-se necessária uma avaliação da validade e/ou da utilização dos pensamentos automáticos, e a resposta adaptativa a eles, em geral, produz uma mudança positiva no comportamento (BECK, 2013, p. 160-161). Por isso, uma boa apresentação do dízimo, das suas dimensões, é de extrema necessidade, pois as pessoas costumam aceitar seus pensamentos automáticos como verdadeiros, sem reflexão ou avaliação.

Uma vez apresentada essa reflexão sobre os pensamentos automáticos que permeiam a mente das pessoas, passo para o item seguinte: orientações baseadas em estratégias da TCC, como uma psicoeducação, que é uma forma de reeducar o pensamento, tendo como objetivo uma percepção mais racional, verdadeira e positiva sobre o próprio pensamento. E ofereço também algumas orientações úteis e práticas que a Igreja propõe.

6

Uma psicoeducação

A psicoeducação é ferramenta ou procedimento usado pelo psicólogo com a função de simplificar a queixa do paciente. O psicólogo demonstra ao paciente a sua patologia em todo o contexto, a fim de que este entenda e passe a colaborar ativamente com o processo terapêutico. (Em nosso caso, o agente de pastoral ou o líder da comunidade deve sempre apresentar o dízimo de forma clara e ampla.) Dessa forma, o paciente consegue, durante as sessões de psicoterapia, discutir sobre sua queixa e encarar da melhor forma seu tratamento. (Uma vez conhecendo melhor o dízimo, os participantes da comunidade religiosa passam a questionar, aprofundar e observar melhor.)

A psicoeducação explica que, se o paciente entender a doença e seu processo, ele conseguirá agir de modo que consiga evitar seus sintomas, os quais podem ser expressos em crises, por exemplo, e, então, se cuidar melhor. Estou utilizando esse termo porque entendo que a má interpretação e os pensamentos disfuncionais sobre o dízimo podem ser mudados, fazendo com que a pessoa passe a entender melhor as dimensões do dízimo e a contribuir. Quando há compreensão sobre o dízimo, da mesma forma quando o paciente começa a compreender seus pensamentos disfuncionais ou sua patologia, há maior colaboração no tratamento, levando a uma melhora acentuada.

A psicoeducação pode ser aplicada de diversas maneiras, assim como na Pastoral do Dízimo. Há quem a entenda melhor através de imagens ou a memorize mais facilmente quando a escuta. Então, cabe ao psicólogo descobrir qual o perfil e a personalidade do seu paciente, a fim de aplicar da melhor maneira possível a explicação da doença. Portanto, pode ser feita através de áudios, *slides,* filmes, *flyers* etc. Da mesma forma, podemos utilizar todos esses meios tendo como objetivo um maior conhecimento sobre o dízimo.

… 7

Uma psicoeducação espiritual

Em sua Exortação Apostólica *Evangelii Gaudium* (A Alegria do Evangelho), o Papa Francisco fala sobre o anúncio do Evangelho no mundo atual. Retirei do texto algumas passagens por achar que são úteis para uma psicoeducação, ou melhor, para uma reorientação, uma conversão em nossa prática pastoral, principalmente no que diz respeito ao dízimo. São passagens que estimulam e dão novo vigor às equipes de pastoral no árduo trabalho de implantação e perseverança na condução do dízimo em nossas comunidades.

> "Um anúncio renovado proporciona aos crentes, mesmo tíbios ou não praticantes, uma nova alegria na fé e uma fecundidade evangelizadora" (FRANCISCO, 2013, n. 11).

O que poderia significar um anúncio renovado na Pastoral do Dízimo? Mostrar as obras feitas pela pastoral, os assistidos, as cestas básicas, os gastos, a manutenção da casa paroquial, do sacerdote, dos funcionários? Penso que a questão é mais profunda, pois, para gerar nova alegria na fé e fecundidade evangelizadora, mais que uma prestação de contas, devemos levar às pessoas a alegria do Evangelho. Uma boa notícia para as pessoas. Em um mundo tão individualista, consumista..., ir ao encontro das pessoas e mostrar-se preocupado com o outro. Ressuscitar a alteridade, o compromisso com o irmão que muitas vezes está passando por dificuldades, por situações difíceis na vida, e não é percebido pela comunidade. Seres invisíveis! De fato, estamos cheios de problemas e ninguém quer mais um. O anúncio renovado é estar disposto a ver na pessoa, no dizimista, na comunidade, não um cifrão, mas alguém que é filho e filha de Deus. Ouvir o outro. Amar o outro. Ir ao seu encontro.

> "O Papa ama a todos, ricos e pobres, mas tem a obrigação, em nome de Cristo, de lembrar que os ricos devem ajudar os pobres, respeitá-los e promovê-los. Exorto-vos a uma solidariedade desinteressada e a um regresso da economia e das finanças a uma ética propícia ao ser humano" (EG, n. 58).

Cabe à Pastoral do Dízimo e ao pastor que conduz a comunidade lembrar àqueles que têm melhores condições financeiras a responsabilidade com os mais pobres. Não se trata de uma ajuda financeira apenas, mas, como nos lembra o Papa, devemos respeitá-los e criar meios de promovê-los. Muitos que batem em nossas portas ou que vivem nas periferias das nossas cidades estão à espera de uma oportunidade de emprego, de uma formação especializada, de uma oportunidade para recomeçar. Não podemos ficar indiferentes à dor e às necessidades dos nossos irmãos, principalmente dos mais necessitados.

> "Além disso, é necessário reconhecer que, se uma parte do nosso povo batizado não sente a sua pertença à Igreja, isso se deve também à existência de estruturas com clima pouco acolhedor em algumas paróquias e comunidades, ou à atitude burocrática com que se dá resposta aos problemas, simples ou complexos. Em muitas partes, predomina o aspecto administrativo sobre o pastoral, bem como uma sacramentalização sem outras formas de evangelização" (EG, n. 63).

UMA PSICOEDUCAÇÃO ESPIRITUAL

A Pastoral do Dízimo não deve estar preocupada apenas com a arrecadação. Muitas vezes, tem de fazer um balanço para ver qual mês entrou mais dinheiro ou buscar estratégias para arrecadar mais. Muitas vezes se pensa muito no dinheiro e pouco de forma mais complexa. Como nos lembra a Exortação Apostólica acima, precisamos rever a forma como acolhemos as pessoas. Tenham certeza: pessoa bem acolhida se torna um(a) dizimista.

> "Entretanto, o Evangelho convida-nos sempre a abraçar o risco do encontro com o rosto do outro, com a sua presença física que interpela, com os seus sofrimentos e suas reivindicações, com a sua alegria contagiosa permanecendo lado a lado" (FRANCISCO, 2013, n. 88).

Grande desafio para nossas pastorais! Sair da zona de conforto. Ir ao encontro do outro é um imperativo, pois assim podemos ver a face do outro e sentir as suas necessidades. Um bom exercício espiritual e físico para a Pastoral do Dízimo seria sair um pouquinho da paróquia e conhecer novas realidades. Sentir-se interpelada pelo rosto do outro.

> "É preciso cultivar sempre um espaço interior que dê sentido cristão ao compromisso e à atividade. Sem momentos prolongados de adoração, de encontro orante com a Palavra, de diálogo sincero com o Senhor, as tarefas facilmente se esvaziam de significado, quebrantamo-nos com o cansaço e as dificuldades, e o ardor apaga-se" (FRANCISCO, 2013, n. 205).

Outro ponto importante para a Pastoral do Dízimo é a oração. Há pouco espaço para esse momento de espiritualidade. Além dos momentos de oração da comunidade, seria oportuno e eficaz um momento de oração para os agentes da pastoral. "Há necessidade de rezar sempre, sem jamais esmorecer. Portanto, não se trata de rezar às vezes, quando 'estou a fim'. Não, Jesus diz que é preciso rezar sempre, sem cessar", disse o Papa Francisco (CNBB, 2018).

> "O entusiasmo na evangelização funda-se nesta convicção. Temos à disposição um tesouro de vida e de amor que não pode enganar, a mensagem que não pode manipular nem desiludir. É uma resposta que desce ao mais fundo do ser humano e pode sustentá-lo e elevá-lo. É a verdade que não passa de moda, porque é capaz de penetrar aonde nada mais pode chegar. A nossa tristeza infinita só se cura com um amor infinito" (FRANCISCO, 2013, nn. 208-209).

A mensagem que passamos, quando falamos sobre o dízimo, possui sólida base na Bíblia. É Palavra de Deus! Aí está o nosso tesouro que deve ser proclamado como uma verdade, sem medo e sem timidez.

"Ai de vós, escribas e fariseus hipócritas! Pagais o dízimo da hortelã, do endro e do cominho e desprezais os preceitos mais importantes da Lei: a justiça, a misericórdia, a fidelidade" (Mt 23,23).

"Dê cada um conforme o impulso do seu coração, sem tristeza nem constrangimento. Deus ama o que dá com alegria" (2Cor 9,7).

> "Por isso, se consigo ajudar uma só pessoa a viver melhor, isso já justifica o dom da minha vida. É maravilhoso ser povo fiel de Deus. Ganhamos plenitude quando derrubamos os muros e o coração se enche de rostos e de nomes!" (FRANCISCO, 2013, n. 274).

Quando saímos de nossa zona de conforto, nossos corações se enchem de rostos e nomes. Não podemos ficar confortavelmente em nossas paróquias. É preciso ir ao encontro de outros rostos. Outras pessoas, outros nomes. A Pastoral do Dízimo tem uma missão muito importante: cuidar das coisas da comunidade e cuidar dos rostos e nomes desconhecidos. Eles clamam por nós!

8

Os agentes da Pastoral do Dízimo

Um pensamento funcional

Destacamos os seguintes pontos como elementos fundamentais em relação aos agentes da Pastoral do Dízimo:

✓ **Investir na formação de agentes de pastoral.**

Esse investimento requer um gasto que deve vir da arrecadação do dízimo. A equipe que compõe a Pastoral do Dízimo deve ter livros sobre o tema e participar das reuniões e congressos como uma forma de partilhar as experiências.

✓ **Formar de modo progressivo e integral.**

A formação progressiva e integral significa uma caminhada sistemática e transversal, ou seja, uma formação contínua e crescente; a Pastoral do Dízimo deve estar em sintonia com as demais pastorais. Não é uma ilha.

✓ **Dar testemunho de dizimistas, o que tem grande impacto no processo de conscientização sobre** o dízimo e sobre a motivação permanente da comunidade.

Faz-se necessário que, no jornalzinho ou informativo paroquial, ou mesmo em missas específicas, o dizimista dê o seu testemunho. Isso estimula a comunidade à participação no dízimo.

✓ **Inserir os agentes na Pastoral de Conjunto e ter seus representantes nos conselhos pastorais e econômicos e nas assembleias pastorais.**

É fundamental que a Pastoral do Dízimo esteja inserida no contexto paroquial. Dízimo é pastoral! Portanto, deve participar da vida paroquial.

✓ **Dispor de meios adequados para facilitar a execução de sua missão e de seu trabalho (CNBB, 2016, n. 106, p. 37).**

A Pastoral do Dízimo precisa de um espaço adequado para receber as contribuições e arquivar num banco de dados as informações referentes a cada dizimista; precisa ainda de recursos para enviar cartas no dia do aniversário dos dizimistas e também é interessante enviar-lhes os acontecimentos na vida paroquial. Fundamental ainda mostrar os trabalhos desenvolvidos pelo dízimo paroquial.

9

Elementos importantes de motivação para que os fiéis tenham um pensamento funcional para contribuírem com o dízimo

✓ **A atuação dos ministros ordenados e seu envolvimento com a vida das pessoas da comunidade.**

O sacerdote não pode ficar indiferente aos agentes da Pastoral do Dízimo, nem mesmo às pessoas que frequentam a sua comunidade. É importante que as pessoas sintam-se amadas e acolhidas. Visitar os enfermos, as famílias, estar presente nas reuniões com os agentes da Pastoral do Dízimo são gestos que aproximam as pessoas e fazem com que tenham um novo jeito de ver, novas lentes para enxergar a vida eclesial em uma comunidade.

✓ **A atuação coerente e o testemunho dos agentes de pastoral, em especial dos membros da equipe da Pastoral do Dízimo.**

É impensável um membro da equipe do dízimo que não seja dizimista! Assim como os membros devem sê-lo, o sacerdote também deve dar o seu exemplo sendo um dizimista.

√ **A gestão participativa e transparente dos recursos recebidos e dos bens eclesiais.**

A comunidade deve ser informada de tempos em tempos sobre o destino dos recursos recebidos. Muitas comunidades deixaram de colocar isso por escrito no quadro-mural das igrejas por medo de assaltos. Mas a prestação de contas pode ser feita no conselho pastoral-paroquial e econômico ou de forma oral, após uma missa dedicada aos dizimistas ou à comunidade em geral.

√ **As experiências de colaboração fraterna com comunidades ou paróquias da mesma Igreja particular, mais carentes de recursos.**

Essa dimensão missionária do dízimo agrada muito às pessoas que participam em nossas comunidades. Cada comunidade, na medida do possível, deveria adotar uma comunidade mais carente, uma comunidade irmã. É o dízimo, o meu dízimo, o nosso dízimo indo além dos domínios territoriais de uma paróquia.

√ **"As experiências de colaboração missionária com outras Igrejas particulares ou além-fronteiras" (CNBB, 2016, n. 106, p. 42).**

Devido à globalização, estamos distantes territorialmente, mas muito próximos. As notícias chegam em questão de segundos. Por isso, devemos estar atentos às necessidades dos irmãos mais distantes e nos sentir responsáveis pelas campanhas para atendimentos emergenciais, que sempre acontecem.

Uma apreciação conclusiva

A Pastoral do Dízimo deve envolver todas as pastorais da paróquia, os movimentos, os serviços e as novas comunidades (cf. Doc. 106, p. 39), porque não é um serviço voltado somente para o dízimo. A Pastoral da Criança cuida da criança, a Pastoral da Família cuida da família, a Pastoral da Juventude cuida da juventude, a Pastoral dos Enfermos cuida dos doentes e a Pastoral do Dízimo cuida de todas as pastorais, comunidades e, principalmente, das pessoas.

A Pastoral do Dízimo nos remete a uma realidade muito ampla e, ao ser reduzida ao aspecto monetário, desvirtua-se todo o sentido de sua existência na Igreja. Essa é a Pastoral que cuida, orienta a consciência, ensina o desapego, provê, defende e é solidária com as pessoas, assegurando as condições para a digna celebração do mistério pascal, da evangelização, da catequese, da promoção da vida e do cuidado com os pobres. O dízimo é destinado às celebrações, à evangelização e à assistência aos que mais precisam de nossa atenção. Ser dizimista é ser Igreja viva e consciente!

Terapia a serviço do dízimo, escrito por Pe. Welington, que ultimamente vem refletindo e escrevendo sobre a Pastoral do Dízimo, é uma grande contribuição para a Igreja no Brasil. Neste livro, o autor apresenta um caminho diferente e enriquecedor para dinamizar a Pastoral do Dízimo, valorizando a pessoa humana através da Terapia Cognitivo-Comportamental (TCC). Sabendo que a pessoa não processa o real objetivamente, mas subjetivamente, a TCC é uma abordagem direta, breve, focada no problema central das pessoas, e está totalmente voltada para ação e a resolução dos problemas delas. A partir de testemunhos, percepções, representações, atenção, raciocínio das pessoas, o autor é capaz de sensibilizar, formar e conscientizar os fiéis a comprometerem-se com a manutenção do culto, a sustentação da evangelização e o cuidado dos pobres, além de proporcionar ao dizimista a experiência da partilha dos bens, de torná-lo fiel ao dízimo e, consequentemente, de promover a autossustentação da sua paróquia ou comunidade.

Brandão garimpa, na Teoria Cognitivo-Comportamental, ferramentas e processos para dignificar as pessoas e ajudá-las a compreender que o compromisso com a manutenção dos bens da Igreja as insere na ampla atividade de evangelização e no cuidado com os pobres. O amor traduzido em gestos é necessidade fundamental para a realização da pessoa, criada pelo Amor para o amor, e a experiência dizimal é oportunidade para transformar a experiência humana do dom numa experiência cristã de Deus.

Dom Edson Oriolo
Bispo Auxiliar de Belo Horizonte

Referências

BECK, Judith S. **Terapia cognitivo-comportamental**: teoria e prática. Tradução Sandra Mallmann da Rosa. 2. ed. Porto Alegre: Artmed, 2013.

BÍBLIA Sagrada. 8. ed. Brasília: CNBB, 2017.

BRANDÃO, Welington Cardoso. **Pastoral do Dízimo**: roteiros para reunião e formação das equipes do dízimo. São Paulo: Ave-Maria, 2018.

BRIGHENTI, Agenor. Por uma evangelização realmente nova. In: **Perspectiva Teológica**. Belo Horizonte: Faculdade Jesuíta de Filosofia e Teologia, v. 45, n. 125, p. 83-106, jan./abr. 2013.

CONFERÊNCIA GERAL DO EPISCOPADO LATINO-AMERICANO, 5. 2007, Aparecida do Norte, SP. **Documento de Aparecida**: texto conclusivo da V Conferência Geral do Episcopado Latino-Americano e do Caribe: 13-31 de maio de 2007. São Paulo: Paulus, 2007.

CNBB. **Comunicado mensal.** Brasília: CNBB, n. 269, p. 89. 1975a.

CNBB. **Diretrizes Gerais da Ação Pastoral da Igreja no Brasil 1975-1978**. São Paulo: Paulinas, 1975b. (Documentos CNBB, 4).

CNBB. **O dízimo na comunidade de fé:** orientações e propostas. Brasília: CNBB, 2016. (Documentos CNBB, 106).

CNBB. **Na catequese, Papa Francisco fala da oração como fonte de misericórdia**. 25 maio 2018. Disponível em: http://www.adoradoresdamisericordia.com.br/noticias/noticias-da-igreja/na-catequese-papa-francisco-fala-da-oracao-como-fonte-de-misericordia. Acesso em: 13 jan. 2019.

CNBB. **19º Plano Pastoral do Secretariado Geral**. Brasília: CNBB, 2014. (Documentos CNBB, 86).

CRUZ, Túlio Lopes Gobira da. **Perguntas**. Belo Horizonte: Igreja Batista Central, 2018.

FRANCISCO. **Exortação Apostólica *Evangelii Gaudium***. São Paulo: Paulinas, 2013.

LIPOVETSKY, Gilles. **A era do vazio**: ensaio sobre o individualismo contemporâneo. Barueri, SP: Manole, 2005.

PETENATE, Marcelo. **Metodologias de pesquisa:** veja quais são as diferenças. 25 fev. 2018. Disponível em: https://www.escolaedti.com.br/metodologias-de-pesquisa-veja-quais-sao-as-diferencas. Acesso em: 7 nov. 2018.

VOZ DE LOURDES. Belo horizonte: Paróquia Nossa Senhora de Lourdes, v. 3, n. 49, out. 2014.

VOZ DE LOURDES. Belo horizonte: Paróquia Nossa Senhora de Lourdes, v. 5, n. 50, jun. 2015.

VOZ DE LOURDES. Belo horizonte: Paróquia Nossa Senhora de Lourdes, v. 5, n. 51, jul. 2015.

VOZ DE LOURDES. Belo horizonte: Paróquia Nossa Senhora de Lourdes, v. 5, n. 52, ago. 2015.

VOZ DE LOURDES. Belo horizonte: Paróquia Nossa Senhora de Lourdes, v. 5, n. 53, set. 2015.

VOZ DE LOURDES. Belo horizonte: Paróquia Nossa Senhora de Lourdes, v. 5, n. 54, out. 2015.

REFERÊNCIAS

VOZ DE LOURDES. Belo horizonte: Paróquia Nossa Senhora de Lourdes, v. 5, n. 57, jan. 2016.

VOZ DE LOURDES. Belo horizonte: Paróquia Nossa Senhora de Lourdes, v. 5, n. 58, fev./mar. 2016.

VOZ DE LOURDES. Belo horizonte: Paróquia Nossa Senhora de Lourdes, v. 5, n. 59, abr. 2016.

VOZ DE LOURDES. Belo horizonte: Paróquia Nossa Senhora de Lourdes, v. 5, n. 60, maio 2016.

VOZ DE LOURDES. Belo horizonte: Paróquia Nossa Senhora de Lourdes, v. 5, n. 61, jun. 2016.

VOZ DE LOURDES. Belo horizonte: Paróquia Nossa Senhora de Lourdes, v. 5, n. 62, jul. 2016.

VOZ DE LOURDES. Belo horizonte: Paróquia Nossa Senhora de Lourdes, v. 5, n. 64, out. 2016.

VOZ DE LOURDES. Belo horizonte: Paróquia Nossa Senhora de Lourdes, v. 5, n. 65, nov. 2016.

VOZ DE LOURDES. Belo horizonte: Paróquia Nossa Senhora de Lourdes, v. 5, n. 66, dez. 2016.

VOZ DE LOURDES. Belo horizonte: Paróquia Nossa Senhora de Lourdes, v. 6, n. 67, jan./fev./mar. 2017.

VOZ DE LOURDES. Belo horizonte: Paróquia Nossa Senhora de Lourdes, v. 6, n. 68, abr. 2017.

VOZ DE LOURDES. Belo horizonte: Paróquia Nossa Senhora de Lourdes, v. 6, n. 70, jun./jul. 2017.

VOZ DE LOURDES. Belo horizonte: Paróquia Nossa Senhora de Lourdes, v. 6, n. 71, ago. 2017.

VOZ DE LOURDES. Belo horizonte: Paróquia Nossa Senhora de Lourdes, v. 6, n. 74, out. 2017.

VOZ DE LOURDES. Belo horizonte: Paróquia Nossa Senhora de Lourdes, v. 6, n. 75, nov. 2017.

VOZ DE LOURDES. Belo horizonte: Paróquia Nossa Senhora de Lourdes, v. 7, n. 77, jan. 2018.

VOZ DE LOURDES. Belo horizonte: Paróquia Nossa Senhora de Lourdes, v. 7, n. 78, fev./mar. 2018.

VOZ DE LOURDES. Belo horizonte: Paróquia Nossa Senhora de Lourdes, v. 7, n. 79, abr./maio 2018.

VOZ DE LOURDES. Belo horizonte: Paróquia Nossa Senhora de Lourdes, v. 7, n. 81, ago. 2018.

ANEXO

Oração do Dizimista

"Pai Santo, contemplando Jesus Cristo, Vosso Filho bem amado, que se entregou por nós na cruz, e tocado pelo amor que o Espírito Santo derrama em nós, manifesto, com esta contribuição, minha pertença à Igreja, solidário com sua missão e com os mais necessitados. De todo o coração, ó Pai, contribuo com o que posso: recebei, ó Senhor! Amém."

Dízimo é amor a Deus e ao próximo.

Meu Deus! Que meu dízimo seja ação de graças a Vós e testemunho de fé. Peço a ti um coração constantemente generoso para sempre compartilhar um pouco do que tenho aos meus irmãos mais necessitados.

Faça de mim, Senhor, um cristão fielmente comprometido com a sua Igreja para que ela cresça cada vez mais nas ações evangelizadoras.

Que eu seja exemplo de caridade no seio da comunidade, tornando-me, assim, um missionário do seu amor.

Senhor, que o meu dízimo se torne gesto rotineiro em minha vida, e os dons da fraternidade e da solidariedade frutifiquem ainda mais para que eu desfrute das vossas infinitas graças e bênçãos. Amém!

Rita Cascia
Coordenadora da Pastoral do Dízimo da Basílica de Lourdes.
Belo Horizonte – Minas Gerais

Sobre o autor

PADRE WELINGTON CARDOSO BRANDÃO

Mestre em Teologia Moral pela Faculdade Jesuíta de Belo Horizonte.

Psicólogo Clínico – PUC-GO.

Especialização em Terapia Cognitivo-Comportamental – PUC-MG.

Especialização em testes projetivos – PUC-GO.

Pároco há 26 anos (na Paróquia Imaculado Coração de Maria, em Goiânia, e, atualmente, na Basílica de Lourdes, em Belo Horizonte).

Autor dos livros *Pastoral do dízimo: roteiros para reunião e formação das equipes do dízimo*, da Ed. Ave-Maria, e *Missa, uma ação emocional*, da Ed. Paulus.

Conheça também:
Pastoral do Dízimo: roteiros para reunião e formação das equipes do dízimo

O livro traz uma proposta de aprofundamento do estudo sobre o dízimo na vida pessoal, nas comunidades paroquiais e na Igreja como um todo.

Informações sobre a Editora Ave-Maria

Para conhecer outros autores e títulos da
Editora Ave-Maria, visite nosso site em:
www.avemaria.com.br
e siga nossas redes sociais:
facebook.com/EditoraAveMaria
instagram.com/editoraavemaria
twitter.com/editoravemaria
youtube.com/EditoraAveMaria